This Recipe Book belongs to:

_____

_____

_____

CONTENTS

RECIPE NAME **RECIPE NUMBER**

....
....
....
....
....
....
....
....
....
....
....
....
....
....
....
....
....
....
....
....
....
....
....
....

RECIPE NAME   RECIPE NUMBER

....
....
....
....
....
....
....
....
....
....
....
....
....
....
....
....
....
....
....
....
....
....
....
....

RECIPE NAME **RECIPE NUMBER**

PREP TIME **COOK TIME** **SERVES**

INGREDIENTS **DIRECTIONS**

NOTES

RECIPE NAME

RECIPE NUMBER

PREP TIME

COOK TIME

SERVES

INGREDIENTS

DIRECTIONS

NOTES

RECIPE NAME **RECIPE NUMBER**

PREP TIME **COOK TIME** **SERVES**

INGREDIENTS

DIRECTIONS

NOTES

RECIPE NAME **RECIPE NUMBER**

PREP TIME **COOK TIME** **SERVES**

INGREDIENTS

DIRECTIONS

NOTES

RECIPE NAME RECIPE NUMBER

PREP TIME   COOK TIME   SERVES

INGREDIENTS

DIRECTIONS

NOTES

RECIPE NAME | **RECIPE NUMBER**

PREP TIME | **COOK TIME** | **SERVES**

INGREDIENTS

DIRECTIONS

NOTES

RECIPE NAME **RECIPE NUMBER**

PREP TIME **COOK TIME** **SERVES**

INGREDIENTS **DIRECTIONS**

NOTES

RECIPE NAME RECIPE NUMBER

PREP TIME   COOK TIME   SERVES

INGREDIENTS

DIRECTIONS

NOTES

RECIPE NAME

RECIPE NUMBER

PREP TIME

COOK TIME

SERVES

INGREDIENTS

DIRECTIONS

NOTES

RECIPE NAME   **RECIPE NUMBER**

PREP TIME   **COOK TIME**   **SERVES**

INGREDIENTS   **DIRECTIONS**

NOTES

RECIPE NAME	RECIPE NUMBER

PREP TIME   **COOK TIME**   **SERVES**

INGREDIENTS

DIRECTIONS

NOTES

RECIPE NAME RECIPE NUMBER

PREP TIME   COOK TIME   SERVES

INGREDIENTS

DIRECTIONS

NOTES

RECIPE NAME **RECIPE NUMBER**

PREP TIME **COOK TIME** **SERVES**

INGREDIENTS **DIRECTIONS**

NOTES

RECIPE NAME RECIPE NUMBER

PREP TIME   COOK TIME   SERVES

INGREDIENTS

DIRECTIONS

NOTES

RECIPE NAME **RECIPE NUMBER**

PREP TIME **COOK TIME** **SERVES**

INGREDIENTS

DIRECTIONS

NOTES

RECIPE NAME **RECIPE NUMBER**

PREP TIME **COOK TIME** **SERVES**

INGREDIENTS **DIRECTIONS**

NOTES

RECIPE NAME   **RECIPE NUMBER**

PREP TIME   **COOK TIME**   **SERVES**

INGREDIENTS

DIRECTIONS

NOTES

RECIPE NAME **RECIPE NUMBER**

PREP TIME **COOK TIME** **SERVES**

INGREDIENTS

DIRECTIONS

NOTES

RECIPE NAME **RECIPE NUMBER**

PREP TIME **COOK TIME** **SERVES**

INGREDIENTS

DIRECTIONS

NOTES

RECIPE NAME RECIPE NUMBER

PREP TIME COOK TIME SERVES

INGREDIENTS

DIRECTIONS

NOTES

RECIPE NAME　　　　　　　　　　　　　　　　　　　　　　　　**RECIPE NUMBER**

PREP TIME　　　　　　　　**COOK TIME**　　　　　　　　**SERVES**

INGREDIENTS　　　　　　　　　　　**DIRECTIONS**

NOTES

RECIPE NAME | **RECIPE NUMBER**

PREP TIME | **COOK TIME** | **SERVES**

INGREDIENTS

DIRECTIONS

NOTES

RECIPE NAME | **RECIPE NUMBER**

PREP TIME | **COOK TIME** | **SERVES**

INGREDIENTS | **DIRECTIONS**

NOTES

RECIPE NAME | **RECIPE NUMBER**

PREP TIME | **COOK TIME** | **SERVES**

INGREDIENTS

DIRECTIONS

NOTES

RECIPE NAME **RECIPE NUMBER**

PREP TIME **COOK TIME** **SERVES**

INGREDIENTS **DIRECTIONS**

NOTES

RECIPE NAME **RECIPE NUMBER**

PREP TIME   COOK TIME   SERVES

INGREDIENTS   **DIRECTIONS**

NOTES

RECIPE NAME | **RECIPE NUMBER**

PREP TIME | **COOK TIME** | **SERVES**

INGREDIENTS | **DIRECTIONS**

NOTES

RECIPE NAME **RECIPE NUMBER**

PREP TIME **COOK TIME** **SERVES**

INGREDIENTS **DIRECTIONS**

NOTES

RECIPE NAME **RECIPE NUMBER**

PREP TIME **COOK TIME** **SERVES**

INGREDIENTS

DIRECTIONS

NOTES

RECIPE NAME　　　　　　　　　　　　　　　　　　　　　　　**RECIPE NUMBER**

PREP TIME　　　　　　　**COOK TIME**　　　　　　　**SERVES**

INGREDIENTS　　　　　　　　　　　　**DIRECTIONS**

NOTES

RECIPE NAME **RECIPE NUMBER**

PREP TIME **COOK TIME** **SERVES**

INGREDIENTS

DIRECTIONS

NOTES

RECIPE NAME **RECIPE NUMBER**

PREP TIME **COOK TIME** **SERVES**

INGREDIENTS **DIRECTIONS**

NOTES

RECIPE NAME **RECIPE NUMBER**

PREP TIME **COOK TIME** **SERVES**

INGREDIENTS **DIRECTIONS**

NOTES

RECIPE NAME   **RECIPE NUMBER**

PREP TIME   **COOK TIME**   **SERVES**

INGREDIENTS

DIRECTIONS

NOTES

RECIPE NAME RECIPE NUMBER

PREP TIME   COOK TIME   SERVES

INGREDIENTS

DIRECTIONS

NOTES

RECIPE NAME

RECIPE NUMBER

PREP TIME

COOK TIME

SERVES

INGREDIENTS

DIRECTIONS

NOTES

RECIPE NAME **RECIPE NUMBER**

PREP TIME **COOK TIME** **SERVES**

INGREDIENTS **DIRECTIONS**

NOTES

RECIPE NAME **RECIPE NUMBER**

PREP TIME   **COOK TIME**   **SERVES**

INGREDIENTS

DIRECTIONS

NOTES

RECIPE NAME **RECIPE NUMBER**

PREP TIME **COOK TIME** **SERVES**

INGREDIENTS

DIRECTIONS

NOTES

RECIPE NAME **RECIPE NUMBER**

PREP TIME   COOK TIME   SERVES

INGREDIENTS

DIRECTIONS

NOTES

RECIPE NAME   **RECIPE NUMBER**

PREP TIME   **COOK TIME**   **SERVES**

INGREDIENTS

DIRECTIONS

NOTES

RECIPE NAME   **RECIPE NUMBER**

PREP TIME   COOK TIME   SERVES

INGREDIENTS   **DIRECTIONS**

NOTES

RECIPE NAME   **RECIPE NUMBER**

PREP TIME   **COOK TIME**   **SERVES**

INGREDIENTS

DIRECTIONS

NOTES

RECIPE NAME **RECIPE NUMBER**

PREP TIME **COOK TIME** **SERVES**

INGREDIENTS

DIRECTIONS

NOTES

RECIPE NAME **RECIPE NUMBER**

PREP TIME **COOK TIME** **SERVES**

INGREDIENTS

DIRECTIONS

NOTES

RECIPE NAME　　　　　　　　　　　　　　　　　　　　　**RECIPE NUMBER**

PREP TIME　　　　　　　　**COOK TIME**　　　　　　　　**SERVES**

INGREDIENTS　　　　　　　　　　**DIRECTIONS**

NOTES

RECIPE NAME **RECIPE NUMBER**

PREP TIME **COOK TIME** **SERVES**

INGREDIENTS **DIRECTIONS**

NOTES

RECIPE NAME **RECIPE NUMBER**

PREP TIME   **COOK TIME**   **SERVES**

INGREDIENTS

DIRECTIONS

NOTES

www.ingramcontent.com/pod-product-compliance
Lightning Source LLC
Chambersburg PA
CBHW081353080526
44588CB00016B/2488